AF356967

TOUPINEL

ou

LE PEINTRE EN BATIMENTS,

COMÉDIE EN DEUX ACTES, MÊLÉE DE CHANT.

PAR M. DU MERSAN.

Représentée pour la première fois, à Paris, sur le théâtre de
la Gaîté, le 2 mai 1844.

PARIS,

CHEZ TRESSE, SUCCESSEUR DE BARBA,
Galerie de Chartres, au Palais-Royal.

1844.

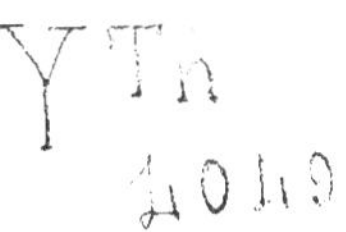

TOUPINEL,

OU

LE PEINTRE EN BATIMENTS.

COMÉDIE EN 2 ACTES, MÊLÉE DE COUPLETS,

Par M. DU MERSAN.

Représentée pour la première fois, à Paris, sur le théâtre de la Gaîté, le 2 mai 1844.

———————◦◦◦◦◦———————

PERSONNAGES.	*ACTEURS.*
TOUPINEL, peintre en bâtiments.	MM. Serres.
ROSSIGNOL, maître serrurier.	Charlet.
MARTIAL, son compagnon.	Francisque jeune.
Le DUC D'HERBIGNY.	Dubourjal.
CHARLES, son neveu.	Goujet.
PRÉCOURT, homme d'affaires.	Rosier.
DUFLOT, notaire.	Edouard.
CÉCILE, crue fille de Toupinel	Mmes Héloïse Gautier.
FRANCINE, chamarreuse.	Freneix.

La Scène est à Paris.

═══════════════════════════════

ACTE PREMIER.

La boutique d'un serrurier, avec la forge, l'enclume, l'établi et tous les ustensiles du métier. Sur le côté à gauche, un cabinet vitré, où est le comptoir, et où Cécile travaille et tient les livres, auprès une table et ce qu'il faut pour écrire. Au fond la boutique s'ouvre sur la rue.

SCÈNE PREMIÈRE.

CÉCILE *est dans le comptoir,* MARTIAL *travaille à la forge,* CHARLES *passe dans la rue, et regarde dans la boutique, il disparaît toutes les fois que Martial regarde de son côté.*

MARTIAL. Est-ce qu'il prend notre atelier pour une boutique de marchande de modes, ce dandy-là ? Voilà plusieurs fois que je le vois passer et repasser. C'est dommage que nous n'ayons pas de rideaux, comme les demoiselles de la rue Vivienne. Depuis que mam'zelle Cécile est ici, tout le monde s'arrête à la regarder. C'est vrai qu'elle est si jolie, et qu'elle a des manières si distinguées ! Cette jeune personne dans un atelier de serrurier, c'est comme une mouche dans du lait... Aussi, depuis que je la vois... je ne sais pas, mais moi... je me sens tout je ne sais comment !..... Quelle différence avec Francine !...

CÉCILE, *travaillant.* Voilà encore M. de Vaucelle, il voudrait bien me parler ; mais dois-je l'écouter ?

(Charles au fond, montre à Cécile une petite lettre.)

MARTIAL, *allant à lui.* Dites donc, Monsieur, sans vous commander, est-ce que vous êtes facteur ? vous n'avez pas l'uniforme.

CHARLES. Je ne vous parle pas, mon cher ami.

MARTIAL. Mais je vous parle, moi, mon cher ami.

CHARLES. Est-ce que je n'ai pas le droit de passer dans la rue ?

MARTIAL. C'est juste ; les trottoirs sont établis pour tout le monde ; mais pourquoi regardez-vous dans la boutique ?

CHARLES. C'est que je suis curieux (*il entre*) ; je vois là, de fort belles serrures.

MARTIAL. Elles ne sont pas à vendre.

CHARLES. Mais je puis en commander (*saluant Cécile*), ah ! pardon, mademoiselle, je ne vous avais pas vue.

MARTIAL. Oh ! le menteur, voilà une heure qu'il vous regarde

CHARLES, *à Martial.* Etes-vous le maître de cette boutique ?

MARTIAL. Non, malheureusement; le bourgeois, c'est M. Rossignol ; mais moi, je suis son compagnon, et, en son absence, je le représente.

CÉCILE, *sortant du comptoir*. Monsieur, désirez-vous quelque chose ?

CHARLES. Oui, Mademoiselle.

MARTIAL. Ah ! comme c'est malin... Je sais bien ce qu'il désire, moi. — Expliquez-moi la chose.

CHARLES. J'aime mieux m'expliquer avec mademoiselle.

MARTIAL. Je crois bien.

CÉCILE. Martial, vos manières ne sont pas convenables.

MARTIAL, *honteux*. Mademoiselle Cécile (*il s'éloigne et dit à part*), attends, attends, va, je vais te faire déguerpir.

CHARLES, *montrant la lettre à Cécile*. Mademoiselle, puisque je ne puis pas vous parler....

CÉCILE. Quelle imprudence !

CHARLES. Expliquez-moi votre présence dans cette maison... Je doutais que ce fût vous que j'ai vue chez madame de Ferville.

CÉCILE. Dans une autre occasion je vous expliquerai ce mystère ; mais cet homme nous observe, vous ne voudriez pas me compromettre.

(Elle prend la lettre et la cache dans son sein.)

(Martial est allé à la forge, il a pris un morceau de fer rouge avec des pinces, il le pose sur l'enclume, il frappe dessus de toutes ses forces avec un marteau, et chante en même temps à tue-tête :)

Tot, tot, tot, battez chaud.
Tot, tot, tot bon courage,
Il faut avoir cœur à l'ouvrage.

SCÈNE II.
LES MÊMES. FRANCINE.

FRANCINE, *entrant*. Monsieur Martial !

MARTIAL, *sans l'écouter*.

Tot, tot, tot, battez chaud,
Tot, tot, tot, bon courage.

FRANCINE, *lui criant aux oreilles*. Monsieur Martial !

MARTIAL, *sans l'écouter*.

Il faut avoir cœur à l'ouvrage.

CHARLES, *voyant Francine*. La fille de mon portier ! elle va me reconnaître.

(Il se sauve, Cécile entre dans l'intérieur.)

SCÈNE III.
FRANCINE, MARTIAL.

FRANCINE. Comme il se sauve, ce monsieur : il paraît que j'ai dérangé qué qu' chose ! ah ! ça, Martial est donc sourd ; je vas lui faire ouvrir l'oreille.

(Elle lui prend l'oreille.)

MARTIAL. Oh ! la, la ! Qu'est-ce qui pince comme ça ?

FRANCINE. Eh bien, c'est moi, quoi ! vous vous faites joliment tirer l'oreille, pour répondre aux demoiselles.

MARTIAL. Et vous, vous tirez joliment fort ! je parie que le bout est resté dans vos doigts.

FRANCINE. Non, il est encore en place.

MARTIAL. Bien sûr ? je ne le sens plus.

FRANCINE. Il est engourdi, ça reviendra.

MARTIAL, *regardant*. L'autre est parti.

FRANCINE. Qu'est-ce que vous regardez donc ? vous ne faites pas attention à moi.

MARTIAL. Si, mam'zelle Francine, vous êtes fort aimable et j'ai beaucoup de plaisir à vous voir ; mais je suis occupé.

FRANCINE. Eh bien, laissez-là un moment vos occupations.

MARTIAL. C'est de l'ouvrage pressé.

FRANCINE. Je la suis aussi.

MARTIAL.
Air de jadis et aujourd'hui.
Vous savez l' proverbe, mam'zelle,
Faut battr' le fer quand il est chaud.
FRANCINE.
C'est toi que j'vais battre infidèle,
MARTIAL.
C' qu'on fait, on doit l' faire comme il faut.
FRANCINE.
Voyez donc, comme il se rengorge.
(Elle lui donne un soufflet.)
MARTIAL.
Un soufflet ?
FRANCINE.
Ne faut-il pas crier ?
MARTIAL.
Mais pourquoi ?
FRANCINE.
C'est un soufflet d' forge,
Cela convient au serrurier.

MARTIAL. Vous êtes donc venue ici pour me martyriser.

FRANCINE. C'est possible.

MARTIAL. Ecoutez, Francine, le bourgeois n'aime pas que je reçoive des femmes dans la boutique.

FRANCINE. Je me moque du bourgeois, et je viens vous demander si vous vous moquez de moi ?

MARTIAL, *embarrassé*. Non, certainement, Francine, je ne me permettrais pas de manquer à une demoiselle comme vous, qui a droit à mes égards, fille d'un portier de bonne maison, et chamarreuse de votre industrie personnelle.

FRANCINE. Oui, mais je m'ennuie de chamarrer, je veux m'établir à mon compte. Mon père m'a promis de m'acheter un fonds, il me faut un homme, vous m'avez fait la cour, et je viens vous assommer de votre parole.

MARTIAL. M'assommer ?

FRANCINE. C'est dans le coq civil, toute personne qui promet, on peut la sommer de tenir.

MARTIAL. Je tiendrai ; mais laissez-moi le temps.

FRANCINE. Vous me faites des traits ; je ne sais pas ce que vous avez depuis un mois, mais vous n'êtes plus le même... Voilà deux dimanches et deux lundis, de suite, que vous n'êtes pas venu au salon de la Victoire. J'ai été obligée de danser avec des étudiants et des clercs d'huissiers qui faisaient leur tête, ça ne me va pas, j'aime mieux les ouvriers.

MARTIAL, *embarrassé*, Ah ! c'est vrai... au salon de la Victoire, je ne peux plus y aller, parce que j'ai eu du désagrément avec les sergents de ville, à votre occasion ; ils ont prétendu que je dansais une polka prohibée, et c'était vous.

FRANCINE. Moi, je suis prohibée ! ça n'est pas vrai. D'ailleurs, il ne s'agit pas de tout ça ; il faut venir aujourd'hui parler à mon père, il vous attend dans sa loge.

MARTIAL. Je ne peux pas quitter quand le bourgeois est absent.

FRANCINE. Oui, c'est une colle. J'ai une serrure à faire ouvrir, vous êtes serrurier, vous allez marcher.

MARTIAL. Je ne marcherai pas.

FRANCINE, *tapant du pied*. Vous marche-rez, compagnon.

MARTIAL, *se fâchant*. Non !

SCÈNE IV.

LES MEMES, ROSSIGNOL.

ROSSIGNOL. Eh ben, eh ben, qu'est que c'est que ça ? du tapage dans ma boutique !

FRANCINE. C'est votre compagnon qui re-fuse de faire son ouvrage.

ROSSIGNOL. Pourquoi donc, Martial, que tu refuses de l'ouvrage à une jeune personne qui a l'air aussi intéressante ?

MARTIAL. Mais, bourgeois, vous n'étiez pas là, je n'ai pas voulu laisser la boutique seule.

ROSSIGNOL. Eh ben, me voici ; de quoi s'a-git-il ?

FRANCINE. D'une porte à ouvrir, dont j'ai perdu la clé.

ROSSIGNOL. Un moment, êtes-vous domi-ciliée et majeure ?

FRANCINE. Majeure ? Cette méchanceté ! dix-neuf ans, s'il vous plaît ; mais mon père sera là, c'est un homme établi, M. Dur-à-Cuir, le concierge de la maison où demeure M. le vicomte de Vaucelle, rien que ça.

ROSSIGNOL. Veux-tu courir bien vite, Mar-tial ! prends ton sac et ton trousseau, et trotte avec cette respectable demoiselle. Tout à votre service mademoiselle Dur-à-Cuir, et à celui de votre vénérable père, qui remet des paillettes à mes souliers. En-tre artistes on se doit des égards.

FRANCINE. Venez-vous, Martial ?

ROSSIGNOL. Tu n'es pas encore parti, fei-gnant ?

MARTIAL. J'y vas bourgeois (*à part*), tu me paieras celle-là, chamarreuse. Ne pas pou-voir guetter le dandy ; (*haut*) me v'la, j'ai mon sac.

FRANCINE. Et vos quilles.

ROSSIGNOL, *riant*. Tu as l'air de perdre la boule.

SCÈNE V.

ROSSIGNOL.

Je ne sais pas ce qu'il a, ce petit Martial, lui qui était si gai, si farceur, il devient raisonneur, taquin, je crois qu'il y a de l'amour sur jeu et que ma nièce lui a donné dans l'œil ; mais il a tort, cette jeune per-sonne qui a été bien élevée, dans une grande maison, par une comtesse, ne consentira ja-mais à épouser un garçon serrurier.

SCÈNE VI.

CÉCILE, ROSSIGNOL.

CÉCILE. Mon oncle, voilà une lettre qu'on vient d'apporter pour vous.... On attend la réponse.

ROSSIGNOL. Merci Cécile (*il l'ouvre*), ah ! c'est de M. Dullot, le notaire, il me prie de le faire prévenir aussitôt que votre père sera de retour à Paris,

CÉCILE *à part*. Mon père !

ROSSIGNOL. Cela ne tardera pas, Toupinel est depuis un mois à quelques lieues d'ici, où il fait de l'ouvrage, je l'attends d'un mo-ment à l'autre. Vous le verrez peut-être aujourd'hui.

CÉCILE. Je ne sais pourquoi je redoute cette entrevue.

ROSSIGNOL. Je m'en doute bien, moi, et ça ne me surprend pas. Madame de Ferville qui vous avait élevée comme sa fille, vous a laissé croire jusqu'à sa mort que vous l'étiez.

CÉCILE. Oui, ce n'est qu'à ce moment qu'elle m'a appris un secret et...

ROSSIGNOL. Qui a dû vous faire de la peine, mon enfant ; habituée à une belle position, en descendre comme ça tout de suite, c'est dur.

CÉCILE. Les héritiers de madame de Fer-ville m'ont fait partir de Naples si brusque-ment.

ROSSIGNOL. Des collatéraux, ça ne con-nait que l'argent ; enfin, vous n'étiez que la fille de sa femme de chambre, Toupinel, mon beau-frère, est votre père, et il faut vous résigner à votre situation.

CÉCILE. Ce qui m'effraie, c'est ce que vous m'avez dit de lui.

ROSSIGNOL. Ah ! dam, il est vrai que c'est un farceur, c'est le plus bambocheur des peintres en bâtiment, qui le sont tous pas mal. Va-t-il être étonné de trouver une grande fille qu'il n'a jamais vue !... mais je vais répondre à ce notaire... je reviens dans l'in-stant... (*il sort à gauche*).

SCÈNE VII.

CÉCILE.

Ce mystère m'inquiète. Je ne le sais qu'à moitié... mais ce qui doit me rassurer, c'est que je ne suis pas la fille de cet homme. « Cécile, m'a dit ma bienfaitrice, » mon testament est à Paris, il est déposé » dans des mains sûres.... ici on aurait pu » le soustraire et annuler mes volontés. C'est » dans ton intérêt que j'ai dû te faire passer » pour la fille de ma femme de chambre. » Plus tard tu connaîtras ta naissance et » l'homme noble, brave et distingué à qui » tu dois le jour. Jusque-là, le secret le plus » inviolable, je te le recommande, je l'or- » donne. » Oh! oui, ma chère bienfaitrice, je vous obéirai, quoiqu'il puisse m'en coûter.

AIR : *De l'Angelus.*

Si les soins pour nos premiers pas
Sont dans les devoirs d'une mère,
Celle qui ne nous les doit pas,
A double titre nous est chère. (*bis.*)
Si je cherche en vain dans mon cœur
Celle à qui je dus la naissance,
Celle à qui je dois le bonheur,
A droit à ma reconnaissance. (*bis.*)

SCÈNE VIII.

ROSSIGNOL, CÉCILE.

ROSSIGNOL. Ma nièce, voilà votre père qui arrive; je l'entends de loin, il chante comme à son ordinaire.

CÉCILE. Permettez-moi de me retirer un moment, pour me préparer à cette entrevue.

ROSSIGNOL. Diable! elle n'est guère pressée de le voir.

SCÈNE IX.

ROSSIGNOL, TOUPINEL. *Il a un panta lon de toile, une blouse tachée de couleurs, une casquette de papier, une boîte de couleurs à la main et une canne.*

TOUPINEL (*chantant*).

Di tanti palpiti,
Que la patrie est chère.
Titi carabi, toto carabo,
Compère Guilleri
Te laisseras-tu, te laisseras-tu mourir.

Pas de soif, toujours, comment que ça va, beau-frère?

ROSSIGNOL. Te voilà donc revenu?

TOUPINEL. Oui dans mes lares, c'est-à-dire dans les tiens, car, pendant mon absence d'un mois et trois kilomètres, la mère Radis aura probablement loué mon garni à un autre artiste.

ROSSIGNOL. N'es-tu pas honteux de ne pas avoir de domicile?

TOUPINEL. Pourquoi faire? pour payer des impositions et des patentes, user mon mobilier, je préfère user celui des autres. « Je marche dans la force et dans ma liberté. » Quand un quartier m'ennuie, je vais camper dans un autre; quand un appartement a besoin de réparations, je déménage sans tapissières, et si les cheminées fument, je n'embête pas le propriétaire.

ROSSIGNOL. Mais il va falloir te ranger, prendre le genre d'un père de famille. Ta fille est arrivée.

TOUPINEL. Ma fille est dans ces lieux? Où est-elle, que je la presse contre mon cœur!..

ROSSIGNOL. Un moment. Il faut la prévenir, après une si longue séparation.

TOUPINEL. Oh! oui, bien longue, je ne l'ai jamais vue. C'est drôle, que ma femme m'ait donnée une fille si loin de moi!.. Est-elle jolie, ma fille? me ressemble-t-elle?

ROSSIGNOL. Pas beaucoup.

TOUPINEL. Tant pire! mon épouse ne pouvait pas choisir un plus beau modèle. Est-ce que par hasard?..

ROSSIGNOL. Toupinel, c'était ma sœur, respecte sa mémoire.

TOUPINEL. Je l'ai toujours respectée, malgré sa longue absence et à cause de sa mort prématurée. A peine si j'ai eu le temps de l'aimer; car, tu le sais, Rossignol, lorsque j'épousa ta sœur, elle était femme de chambre chez madame la comtesse de Ferville, cette dame fut obligée de suivre son époux, le général, qui avait été nommé ambassadeur dans les pays étrangers. Elle témoignit le désir d'emmener sa femme de chambre, et elle m'offça même de m'emmener aussi; mais moi, je suis français, et je n'ai pas voulu quitter Paris, pour être à même de toujours voir la colonne.

AIR : *Voltaire nous fait ses adieux.*

J' méprs' la domesticité,
Et dans ce siècle politique,
Où l'on donne la liberté
Aux noirs d'Afrique et d'Amérique,
J'veux la garder pour mon bonheur.
On dit qu' l'esclavage rend maigre,
Et quoiqu' un peintr' soit homme de couleur,
Je n'veux pas qu'on m'trait' comme un nègre. (*bis.*)

ROSSIGNOL. Ta femme accoucha pendant son séjour à Naples.

TOUPINEL. Elle en avait le droit. Peu de temps après, je perda mon épouse, et je ne fus point à même de lui fermer les yeux, étant trop loin pour remplir ce devoir, je m'y serais conformé avec plaisir; mais l'éloignement ne m'empêcha pas de verser des larmes amères. Madame la comtesse, qui avait pris ma fille en amitié, voulut la garder près d'elle, avec la promesse de lui faire un sort. Je ne m'y opposa pas. Moi, simple père, peintre en bâtiment et colleur de papier, gagnant de trois à quatre francs cinquante centimes par jour, et les dépensant facilement, je me dis : laissons-la loin de moi, pour son bonheur. Elle sera mieux élevée, et je boirai plusieurs litres de plus. Voilà son roman et le mien. Madame Balzac en fait où il y a trois pour cent d'intérêt de moins, et cependant toutes les couturières les lisent à quatre sous le volume.

ROSSIGNOL. Enfin, madame la comtesse de Ferville est morte, ta fille est revenue ; je l'ai chez moi depuis un mois, et il faut te décider à quelque chose.

TOUPINEL. Beau-frère, tu es veuf, tu aimes ta nièce, elle est bien chez toi !

ROSSIGNOL. Il me semble qu'elle devrait demeurer avec son père.

TOUPINEL. Oui, donne-moi une chambre dans ta maison.

ROSSIGNOL. Toupinel, tu ne changeras donc jamais ?

TOUPINEL. Pourquoi changer ? mon caractère est aimable, mon physique avantageux.

ROSSIGONL. Nous en parlerons. Veux-tu voir ta fille ?

TOUPINEL. Si je le veux ! j'en ai soif ! Avec sa belle éducation, elle doit avoir des talents ; je la ferai débuter au Grand-Opéra, ou jouer de la harpe dans les cafés.

ROSSIGNOL. Je vais la chercher.

TOUPINEL. Ah ! ne lui dis pas d'abord que je suis son père. Je veux voir si elle me reconnaîtra, si la voix du sang parlera. Je crois beaucoup à la nature... elle embellit la beauté.

ROSSIGNOL. Comme tu voudras ; mais la voici elle-même...

TOUPINEL. Oh ! comme elle est jolie femme !

SCÈNE X.

ROSSIGNOL, CÉCILE, TOUPINEL.

ROSSIGNOL. Ma nièce, voilà quelqu'un qui vous attend.

TOUPINEL, *à part*. Elle a une jolie tournure.

CÉCILE, *à part*. Mon Dieu ! est-ce que c'est là ?..

TOUPINEL. Regardez-moi, jeunesse intéressante, et dites-moi ce que ma figure vous inspire.

CÉCILE. Monsieur...

TOUPINEL. Est-ce que ce petit cœur ne dit pas quelque chose, en approchant de moi ? Est-ce que la nature ne se fait pas entendre ? son cri ferait dire à un enfant de six mois, *voilà mon père !* toi qui en as dix-huit... pas de mois... d'ans ! tu dois le dire bien mieux.

CÉCILE. Ne vous ayant jamais vu...

TOUPINEL. Tu me vois maintenant ; regarde-moi avec des yeux d'amour, je suis ton propre père ! pas propre dans ce moment-ci, parce je suis en costume de voyage ; mais le cœur de l'artiste bat sous cette blouse, et ses lèvres appellent ton front pour y déposer le baiser virginal.

CÉCILE, *à part*. Il faut me contraindre. *Haut.*) Pardonnez à ma surprise...

TOUPINEL. Je lui pardonne, mais je m'empare de mes droits, embrasse-moi.

CÉCILE. Mais, monsieur...

TOUPINEL. Appelle-moi ton père, que j'entende vibrer à mon oreille ce nom si doux, que j'attends depuis dix-huit ans.

(Il lui donne un baiser.)

AIR : *De ton baiser.*

De ton baiser, la douceur passagère,
Vient me donner un instant de bonheur ;
Oui, de ton front, il descend dans mon cœur,
Pour l'embrasser quel plaisir d'être père. (*bis.*)

Je sens une larme dans mes deux yeux.

CÉCILE, *à part*. Et n'oser rien dire !...

TOUPINEL. Ah çà ! notre rencontre t'a émute, n'est-ce pas ? Moi aussi...

CÉCILE. Permettez-moi de me retirer, j'ai besoin de me remettre de mon émotion.

TOUPINEL. Moi, j'ai besoin de prendre quelque chose. Avoue que tu es bien heureuse d'avoir un père tel que moi, un artiste ! Tu ne t'attendais pas à trouver un artiste, tête chaude, cœur exalté, du toupet ! Ne crois pas que je me borne à badigeonner, je fais l'ornement, les enseignes, et tout ce qui concerne la peinture en gros et en détail.

CÉCILE. Adieu, Monsieur. (*Elle sort*).

SCÈNE XI.

TOUPINEL, ROSSIGNOL.

TOUPINEL. Elle a l'air toute chose, ma fille, je la crois un peu bégueule ! Ça ne vaut rien, ces éducations de grandes dames !... on lui aura flanqué de l'ambition.

ROSSIGNOL. C'est possible ; mais tu l'as effarouchée. Tu n'as rien de paternel.

TOUPINEL Que veux-tu ? l'habitude de vivre en célibataire !

ROSSIGNOL. Ah ! ça, je te laisse, j'ai de l'ouvrage en ville. Réfléchis un peu à ce que tu veux faire.

(Il sort.)

SCÈNE XII.

TOUPINEL, *seul*. Je réfléchis qu'une fille chez soi, quand on a pas de domicile, c'est embarrassant pour la loger. Le plus court serait de marier la mienne. C'est une idée paternelle et morale.

SCÈNE XIII.

MARTIAL TOUPINEL.

MARTIAL M'en voilà débarrassé. Que le diable emporte les chamarreuses !

TOUPINEL. Tiens, c'est toi, Martial ?

MARTIAL. Vous voilà de retour, M. Toupinel ?

TOUPINEL. Oui, j'ai été faire une petite campagne à Pontoise, pour rafistoler la sous-préfecture.

MARTIAL. Avez-vous fait de bonnes affaires ?

TOUPINEL. Quatre francs cinquante par jour, pendant un mois.

MARTIAL. Cent trente-cinq francs, si je sais compter ; vous avez le gousset garni.

TOUPINEL. Non, les doublures se touchent. Je redois 25 francs à mon hôtel. Il faut dire que la table y était fort engageante, et le vin pas cher ; tu sais que c'est le bon marché qui ruine.

MARTIAL. C'est comme ça que vous amassez une dot à votre fille ? Vous savez qu'elle est arrivée ?

TOUPINEL. Oui, je l'ai pressée sur mon cœur. Elle a l'air de faire un peu son embarras.

MARTIAL. Oh ! vous ne la connaissez pas encore ; elle est bien aimable, allez ?...

TOUPINEL. Je ne dis pas non.

MARTIAL. Si vous saviez combien nous avons tous de plaisir à la voir ! moi surtout, depuis le peu de temps que je la connais.... si ce n'était pas le respect qu'elle inspire....

TOUPINEL, *à part*. Ah ! ah ! est-ce qu'il l'aimerait ! (*haut*) Dis-donc, Martial, il faut que je songe à l'établir. Je choisirais volontiers un gendre qui aimerait à vivre en famille et qui prendrait son beau-père chez lui... Est-ce que tu prendrais ton beau-père en pension, toi, Martial ?

MARTIAL. Si je le prendrais !... Est-ce que vous, par exemple, M. Toupinel, qui aimez tant votre fille, vous voudriez vous séparer d'elle ?

TOUPINEL. Non ; pas même aux heures des repas. Es-tu toujours un garçon rangé, bien économe ?

MARTIAL. Oui, j'ai des économies à la caisse d'épargne. Mon intention est de m'établir. Il y a un petit fonds à vendre, rue du Pas-de-la-Mule, j'ai envie de l'acheter.

TOUPINEL. Rue du Pas-de-la-Mule, ça n'est pas si bête. Martial, tu est-un gentil petit garçon... quand on a une boutique, il faut y mettre une femme.

MARTIAL. Ah ! ça, mais, pourquoi que vous me dites tout ça ?

TOUPINEL. Ne m'as-tu pas dit que tu trouvais ma fille fort aimable ?

MARTIAL. O mon Dieu, M. Toupinel, est-ce que je devinerais ? est-ce que je serais assez heureux ?.. Non, ça ne se peut pas !

TOUPINEL, Si, mon garçon, ça se peut.

MARTIAL. Mais non, mam'zelle Cécile est trop distinguée pour moi, je ne l'ai jamais regardée qu'avec respect ; je n'ai jamais osé me dire à moi-même que je l'aimais.

TOUPINEL. Tu es sentimental, tant mieux, ça lui ira, d'après ce que je viens de voir. Moi aussi, je suis sentimental ; mais n'ayant pas l'habitude d'être père, ayant toujours mené la vie de garçon, j'aimerais assez à la continuer.

MARTIAL. De sorte que vous me donneriez votre fille ?

TOUPINEL. Oui ! mais je te préviens que je n'ai pas mis à la caisse d'épargne, moi, je n'ai pas de dot à lui donner ; mais tu peux compter sur ma succession, tout sera pour elle.

MARTIAL. Ah ! M. Toupinel, ne me parlez pas d'intérêt, de dot, je suis trop heureux ! je n'ose pas même croire à tant de bonheur. Quand à votre succession, je ne veux pas y compter.

TOUPINEL. Tu fais bien.

MARTIAL. C'est dit, je paie vos dettes, je vous prends en pension, ça vous va-t-il ?

TOUPINEL. Ça me botte assez bien. Mais je veux être un bon père, il faut aussi que ça botte ma fille. Je vais lui en parler. Pourrions-nous, en attendant, aller quelque part tirer un coup de canon, et défaire un nœud d'épée ? j'ai une soif épaisse.

MARTIAL. Le temps d'aller parler au bourgeois, et de prendre de la monnaie dans ma commode.

TOUPINEL. Tu as de la monnaie dans ta commode ? y as-tu aussi des grosses pièces ?

MARTIAL. Quelques-unes.

TOUPINEL. Prends-en : on ne sait pas ce qui peut arriver ; je pourrais t'en emprunter une ou deux.

MARTIAL. A votre service. (*à part*) Ah ! par exemple ! je ne m'attendais guère à cela. Mais que dira Francine ? oh ! ma foi, elle dira ce qu'elle voudra.

TOUPINEL

Air : *L'or est une chimère.*

C'est dit, tu seras mon gendre,
Pour le bien n'en parlons pas,
Y n' s'agit que de s'entendre,
Pour ne point faire d'embarras,
L'or est une chimère...

MARTIAL.
De l'or je n'ai point la passion,
TOUPINEL.
Mais pour dot, en bon père.
J' te donn'rai ma bénédiction !

Avec ça vous serez heureux, et ça ne me ruinera pas.

ENSEMBLE.

TOUPINEL
C'est dit, tu seras mon gendre.
MARTIAL.
C'est dit, je serai vot' gendre.
Pour le bien, n'en parlons pas,
Y n' s'agit que de s'entendre
Pour ne point faire d'embarras.

(*Il sort à droite.*)

SCÈNE XIV.

TOUPINEL. C'est un fort joli parti. Un jeune homme qui a un livret à la caisse d'épargne, et qui prend son beau-père chez lui, qui va s'établir serrurier ; ma fille sera fort heureuse avec un époux de sa trempe.... Qu'est-ce que c'est que ce monsieur là ?.... il est bien mis.

SCÈNE XV.
TOUPINEL, PRÉCOURT.

PRÉCOURT. N'est-ce pas ici l'atelier de M. Rossignol ?

TOUPINEL. Oui, monsieur. Que lui désirez-vous ? il est sorti pour le moment.

PRÉCOURT. Je voudrais lui parler en particulier.

TOUPINEL. Quand il est sorti, il ne parle à personne ; mais si c'est quelque chose qu'on puisse lui dire, je suis son beau-frère.

PRÉCOURT. Le mari de sa défunte sœur ?

TOUPINEL. De feu mon épouse, dont je suis veuve depuis dix-sept ans, et que je pleure encore tous les jours dans mes moments perdus.

PRÉCOURT. Vous seriez M. Toupinel ?

TOUPINEL. Comme vous dites, en personne ; Polydore Toupinel, peintre en bâtiments, ornements, accessoires, et même doreur ; je dors très-bien, jour et nuit. Si vous avez de l'ouvrage à me donner, je suis entrepreneur.

PRÉCOURT. Je suis enchanté de vous rencontrer.

TOUPINEL. Et moi de même.

PRÉCOURT. Vous avez une fille ?

TOUPINEL. Charmante.

PRÉCOURT. Qui a été élevée par madame la comtesse de Ferville...

TOUPINEL. Il paraît que vous connaissez mes affaires de famille.

PRÉCOURT. Parfaitement.

TOUPINEL. Mais moi, je ne vous connais pas. Je désirerais que la connaissance soye réciproque.

PRÉCOURT. Rien de plus juste. Je me nomme Précourt, je suis homme d'affaires.

TOUPINEL. Je connais. Vous faites les vôtres avec celles des autres.

PRÉCOURT. En prenant leur intérêt, il est naturel que j'y trouve le mien.

TOUPINEL. Je ne vois pas encore bien comment cela pourra se faire avec moi.

PRÉCOURT. Vous êtes artiste, quelquefois les artistes sont gênés.

TOUPINEL. Ils le sont souvent.

PRÉCOURT. Ils ont besoin d'argent quelquefois...

TOUPINEL. Toujours.

PRÉCOURT. Je viens vous en offrir.

TOUPINEL. De l'argent ?

PRÉCOURT. J'en ai à votre service.

TOUPINEL. Touchez-là, mon cher monsieur Trop Court.

PRÉCOURT. Précourt.

TOUPINEL. Très-Court..., vous êtes un homme charmant.

PRÉCOURT. Auriez-vous besoin de quelques avances ?

TOUPINEL. Ma foi oui, sans façon, si vous pouviez m'avancer une quinzaine de francs.

PRÉCOURT, riant. Y songez-vous ?

TOUPINEL. Est-ce trop ? mettons deux pièces de cent sous.

PRÉCOURT. Mais non ; ce n'est pas cela. S'il vous fallait un millier d'écus ?

TOUPINEL. Trois mille francs ? Est-ce que je rêve ? ah ! et vous me prêteriez comme ça, trois mille francs ?

PRÉCOURT. En attendant mieux. Vous me ferez votre billet.

TOUPINEL. Effet de commerce. Ma signature est bonne, connue sur la place ; vous pouvez la faire escompter chez plusieurs marchands de couleurs qui en ont déjà pas mal.

PRÉCOURT. Je ne la ferai pas courir, je la garderai.

TOUPINEL. Ça vaudra mieux. Gardez-la longtemps ; mais faites-moi le plaisir de m'expliquer....

PRÉCOURT. Volontiers. Je sais que madame la comtesse de Ferville à fait un testament en faveur de votre fille.

TOUPINEL. Oh ! la bonne dame ! Combien lui laisse-t-elle ?

PRÉCOURT. Ce testament est déposé chez le notaire, il n'est pas encore ouvert ; mais ce que je sais, par exemple, et ce que le notaire m'a dit, lui-même, c'est que l'intention de madame de Ferville est que l'on mette, sur-le-champ, votre fille en possession de l'hôtel qu'elle avait à Paris.

TOUPINEL. Ma fille dans un hôtel... Est-ce un hôtel garni ?..

PRÉCOURT. Votre fille est mineure, et vous êtes son tuteur légal ; vous connaissez le Code...

TOUPINEL. Je ne le connais pas, mais je ferai sa connaissance.

PRÉCOURT. C'est vous qui aurez la gestion des biens de votre fille, jusqu'à sa majorité.

TOUPINEL. Soyez tranquille, j'en ferai la digestion.

PRÉCOURT. Vous ne pouvez tarder à recevoir la lettre du notaire, qui vous engage à passer à son étude.

TOUPINEL. J'y passerai.

PRÉCOURT. Je vous recommande une chose dans votre intérêt.

TOUPINEL. Recommandez, on s'y conformera.

PRÉCOURT. N'ayez l'air d'être prévenu de rien.

TOUPINEL. Pourquoi ?

PRÉCOURT. Cela fera mieux. Madame la comtesse n'avait pas d'héritiers..., mais feu son mari avait des parents... on pourrait chercher à vous chicaner sur plusieurs choses ; vous ne connaissez pas les affaires, je vous offre d'être votre conseil.

TOUPINEL. Je veux bien, conseillez-moi. Et vous allez me prêter mille écus?

PRÉCOURT, *tirant son portefeuille.* Voici trois billets de mille francs, une quittance toute prête, il vous suffira de mettre au bas, approuvé l'écriture et de signer.

TOUPINEL. Avec pataraffe; des traits à main levée (*il va à la table*); je fais les enseignes à cinq sous la lettre... voyez comme c'est moulé... Polydore Toupinel.

PRÉCOURT. Ça suffit.

TOUPINEL. Donnant, donnant (*il prend les billets*). Et dire que c'est ma fille qui est cause...

Air : (Fragment de Félix.)

Ah! qu'on est heureux d'être père!...

PRÉCOURT. Soyez discret, nous nous reverrons à votre hôtel. Ce n'est pas loin d'ici, au bout de cette même rue, n° 48...

TOUPINEL. Sans adieu, mon cher M. Si-Court,

PRÉCOURT. Précourt.

TOUPINEL. Oui, mon cher M. Très-Court. Sans façon, peut-on vous offrir un canon?

PRÉCOURT. Merci, je suis pressé, il faut que j'aille chez le notaire; gardez le silence.

TOUPINEL. Je le garde et l'argent aussi.

(Il serre les billets.)

SCÈNE XVI.

TOUPINEL, *seul.* En voilà une histoire fabuleuse!... voilà pour moi, un jour qui ressemble aux mille et une nuits... Ma fille héritière, moi, père légal et tuteur... Un hôtel et trois mille francs d'avance.

Air : *Des cancans.*

J'ai d' l'argent,   (*bis.*)
Grâce à cet homme obligeant ;
J'ai d' l'argent,   (*bis.*)
Comm' je vais rire en l'mangeant,
Hier j'étais indigent,
Ça me semblait affligeant,
Mais c'est bien encourageant
D' voir comm' le sort est changeant.

(*Parlé*). C'est vrai, on a des z'hauts et des bas; ceux qui roulent en calèche descendent sur les trottoirs, ceux qui nichent dans des hôtels vont percher dans des mansardes, et moi qui étais gêné pour payer mon garni à quarante centimes la nuit et mon restaurant à cinq sous le plat...

J'ai d' l'argent.   (*bis.*)
Grâce à cet homme obligeant ;
J'ai d' l'argent,   (*bis.*)
J' vais m'engraisser en l' mangeant.

(Il chante et danse.)

SCÈNE XVII.

TOUPINEL. MARTIAL.

MARTIAL. Tiens, tiens, tiens, comme vous êtes gai! vous dansez, père Toupinel.

TOUPINEL. J'ai toujours aimé la danse, quand on est leste!

MARTIAL. Je venais vous dire....

TOUPINEL. Je n'ai pas le moment pour le quart d'heure, il faut que j'aille parler à ma fille... lui annoncer une bonne nouvelle; au revoir, petit...

(Il sort en chantant et dansant.)

MARTIAL *seul.* Il danse comme un polichinelle! une bonne nouvelle... qu'il va annoncer à sa fille... c'est son mariage avec moi.

SCÈNE XVIII.

FRANCINE, MARTIAL.

FRANCINE. Le mariage de qui? avec vous!

MARTIAL. Francine, vous êtes toujours sur mes talons, ça me scie le dos.

FRANCINE. En voilà, de la politesse.

MARTIAL. Une demoiselle bien élevée ne doit pas courir après les garçons.

FRANCINE. Voulez-vous qu'elle coure après les hommes mariés?

MARTIAL. Je vais l'être, ainsi c'est tout comme.

FRANCINE. Et vous me dites ça de sang-froid! vous ne craignez pas de vexer ma sensibilité.

MARTIAL. Je suis aussi sensible que vous, mais j'ai pris mon parti.

FRANCINE. Vous n'avez pas peur que je me poignarde, que je me jette à l'eau, que je m'axphixe.

MARTIAL. Vous ne feriez pas c'te farce-là.

FRANCINE. J'en suis capable, et de bien d'autres encore... Ah! ah! je me trouve mal! de l'eau de cologne! de l'eau de milice! du vinaigre! du vinaigre!

MARTIAL *lui tapant dans les mains.* Francine, Francine! c'est bête! Ne faites donc pas des évolutions dans la boutique.

FRANCINE *criant.* Du vinaigre!

MARTIAL. Vous allez émeuter les passants, on croira que je commets un crime.

FRANCINE. Tant mieux! je voudrais que le commissaire passe par ici... Au secours! à la garde!

(Elle tombe sur une chaise.)

SCÈNE XIX.

LES MÊMES, ROSSIGNOL, TOUPINEL, CÉCILE *accourant.*

TOUS. Qu'est-ce qu'il y a donc?

TOUPINEL. Qui est-ce qui appelle la garde?

MARTIAL. Elle n'a besoin que d'une garde malade.

CÉCILE *allant près d'elle.* Remettez-vous, mon enfant.

FRANCINE *se relevant brusquement.* Oui, je me remets, mais ce n'est pas fini; nous reprendrons ça tantôt, mon petit Martial. M. Rossignol, voilà une lettre du notaire, c'est pour les héritiers de madame la comtesse de Ferville. Monsieur et mademoiselle Toupinel, on vous attend chez nous, à l'hôtel, au bout de la rue, n° 48.

TOUPINEL. A l'hôtel? n° 48 ! c'est le bon numéro ! l'homme d'affaires avait dit la vérité. C'est mon hôtel, ma fille !,.. Où est ma fille ?

CÉCILE. Me voilà, que voulez-vous ?

TOUPINEL. Notre bonheur commence, il commence par un hôtel, le testament viendra après.

CÉCILE. Je ne comprends pas...

TOUPINEL. Cette excellente madame de Ferville nous donne son hôtel ! oh ! ma vertueuse épouse, que tu as bien fait de mourir, *(se reprenant)*, non, je veux dire, de me donner une fille avant de mourir !...

ROSSIGNOL. Veux-tu t'expliquer ?

TOUPINEL. Ma fille hérite, quarante mille livres de rentes !

MARTIAL. Votre fille hérite ! quel bonheur ! père Toupinel, embrassez-moi !

ROSSIGNOL. Ils sont fous.

TOUPINEL. De joie !

MARTIAL. De joie !

(Il jette sa casquette en l'air.)

TOUPINEL. Fille adorée, tu feras le bonheur de ton père chéri... A l'hôtel! à l'hôtel!

FINAL.

AIR *du deuxième acte du domino noir.*

TOUS.

La fortune a des droits,
Quand ell' nous appelle
Quel bonheur *(bis)* de suivre ses lois ;
Elle-même au plaisir,
A sa voix fidèle
Il faut s'empresser d'obéir.

TOUPINEL *à Cécile.*

Je t'aimais déjà bien ma chère,
Mais je t'aime encor bien plus en ce jour ;
Quand une fille enrichit son père.
Tu sens que ça doit doubler son amour.

TOUS.

La fortune vient l'enrichir,
Allons, partageons son plaisir.

(Ils sortent.)

FIN DU PREMIER ACTE.

ACTE DEUXIÈME.

Le théâtre représente un salon ; une porte au fond, et deux portes latérales. Une table à droite, une à gauche, des meubles élégants.

SCÈNE PREMIÈRE.

ROSSIGNOL, TOUPINEL, *habillé élégamment, d'une manière ridicule.*

TOUPINEL.

AIR : *Vive, vive Napoléon.*

Vive, vive les successions,
C'est la chance,
Pour la finance.
Pour s'enrichir, les successions
Val'nt mieux qu' les meilleures actions.
On ne voit guèr' les actionnaires,
Dev'nir tout d'un coup millionnaires.
Dans l' mond' le meilleur métier
Est celui d'un heritier !
Vive, vive, etc.

ROSSIGNOL. Tu ne t'attendais pas, quand tu as épousé ma sœur, qu'elle te laisserait un héritage comme ça.

TOUPINEL. Ta sœur ! je lui ferai élever une pyramide, et toi, beau-frère, je verserai sur toi mes bienfaits ; je t'arroserai de reconnaissance, nous nous arroserons ensemble, sois tranquille, la cave sera soignée d'arrosoirs en Bourgogne, Bordeaux et Champagne mousseux.

ROSSIGNOL. Ah ça ! Toupinel, j'espère que j'aurai la pratique de la maison.

TOUPINEL. Eh! ben, Rossignol, est-ce que tu comptes garder ta boutique, est-ce que tu crois que je laisserai mon beau-frère végéter dans un magasin de ferraille, quand je serai dans un hôtel ? Tu auras ton appartement ici, la maison est grande, il y a de la place pour les amis comme dans mon cœur.

ROSSIGNOL. Tu as du sentiment, je te remercie ; mais je garde mon état, j'ai l'habitude de travailler.

TOUPINEL. Je ne veux pas, ça m'humilierait. En attendant, je pends aujourd'hui la crémaillère, je donne festin et bal, et je t'invite.

ROSSIGNOL. Oh! pour ça, j'accepte ; mais comment fais-tu pour dépenser comme çà de l'argent ? Tu as fait la noce, tu as régalé tout le quartier, tu n'as pas quitté les cafés et les billards. Tu t'es habillé comme un prince, et cependant le testament n'est pas encore ouvert, et tu n'as rien reçu.

TOUPINEL. C'est mon secret : j'ai du crédit... mais ma fille tarde bien à arriver. Va donc voir si elle a fait sa toilette, et amène-là en citadine... je te rembourserai 1 franc 35 centimes dès que j'aurai touché mes 800 mille francs.

ROSSIGNOL. Je suis encore bon pour les payer : j'y vais.

(Il sort.)

TOUPINEL, *seul.* C'est vrai... je n'ai déjà plus de monnaie... j'ai eu la faiblesse de payer mes dettes... mais l'homme d'affaires m'a promis encore des avances.

SCÈNE II.

MARTIAL, TOUPINEL.

MARTIAL, *en toilette.* M. Toupinel, vous voyez que l'on s'est mis sur son propre. Bons habits neufs, achetés au Temple, et payés comptant.

TOUPINEL. Jolie tenue, bien ficelé.

MARTIAL. Un peu lion, pas vrai ?

TOUPINEL. Petit lion, lionceau.

MARTIAL. On peut, avec ce genre là, se présenter à une femme.

TOUPINEL Est-ce que tu as des intentions?

MARTIAL. De plaire à ma future.

TOUPINEL. Est-ce que tu as une future ?

MARTIAL. Vous le savez bien.

TOUPINEL. Moi?..

MARTIAL. Eh! bien, et votre fille...

TOUPINEL. Comment, ma fille ?

MARTIAL. Eh! bien ?

TOUPINEL. Comment?.. Eh! bien...

MARTIAL. Est-ce que vous auriez changé d'idée?

TOUPINEL. De quelle idée?

MARTIAL. Au sujet du mariage...

TOUPINEL. Quel mariage?..

MARTIAL. Ne m'avez-vous pas promis tantôt...

TOUPINEL. Qu'est-ce que je t'ai promis?

MARTIAL. De me donner votre fille.

TOUPINEL. En voilà bien d'une autre, à présent; moi, je t'ai promis ma fille?

MARTIAL. Vous m'avez dit...

TOUPINEL. Je ne t'ai pas dit un mot.

MARTIAL. Vous n'avez donc pas de mémoire?

TOUPINEL. Je les ai tous payés.

MARTIAL. Vous m'aviez demandé de vous payer un canon et un nœud d'épée, et de vous prêter deux pièces de cent sous.

TOUPINEL. Garde tes canons et tes pièces de cent sous ; on n'en a que faire quand on est capitaliste. J'irais donner mon sang à un simple artisan, mettre 40 mille livres de rente dans les mains d'un môme qui ne sait manier que des tenailles! Va donc dans la rue du Pas-de-la-Mule, Criquet.

MARTIAL. Voilà... je suis môme et Criquet, parce que vous êtes monté en grade! Voilà les hommes! Les honneurs changent les mœurs !

TOUPINEL. Comme tu dis très-élégamment. Va donc : sans rancune, au revoir, et comme je suis bon enfant, je t'invite au repas et au bal, c'est tout ce que je peux faire pour toi ; tu mangeras et tu danseras : c'est toujours une fiche de consolation.

MARTIAL, *à part.* Je la gobe : allons tâcher de me rapatrier avec Francine. Dieu, voilà mademoiselle Cécile, évitons qu'elle me voie... je suis assez humilié comme ça.

SCÈNE III.

ROSSIGNOL, CÉCILE, TOUPINEL.

TOUPINEL. Arrive donc, ma fille, il me tardait de te voir installée dans ta propriété.

CÉCILE. En entrant ici, je ne puis m'empêcher d'être émue par le souvenir de ma bienfaitrice.

TOUPINEL, *avec sentiment.* C'est bien... c'est joli, ce que tu dis là, fille adorée, mais parlons de ton établissement. J'ai pour toi un homme riche, aimable, et qui me convient sous tous les rapports.

CÉCILE. Me marier...

TOUPINEL. C'est un usage reçu généralement dans la société, et dans les meilleurs salons.

CÉCILE. Mais il faut que je l'aime, cet homme.

TOUPINEL. Qu'est-ce qui t'empêchera de l'aimer? Voyons, voyons, pas de giries, ça ne m'irait pas.

CÉCILE. Mais, monsieur...

TOUPINEL. Comment, monsieur... tu ne peux pas dire mon père... Ah ! le grand ton ! ça ne me va pas, à moi : réfléchis à mes paroles.

CÉCILE. Mon oncle !..

ROSSIGNOL, *à Toupinel.* Eh ! bien, est-ce que tu vas faire le despote, toi?

TOUPINEL. Non, mais c'est que ces petites filles, ça vous a des idées... C'est un homme à qui j'ai de grandes obligations... Rossignol, viens m'aider à commander le dîner ; sans adieu, ma fille... égaye-toi, et prépare-toi à recevoir un époux de la main d'un père... (*à Rossignol, en sortant.*) Je crois qu'un fricandeau et un canard aux navets...

SCÈNE IV.

CÉCILE, *seule.* Et je suis encore obligée de regarder cet homme comme mon père : du reste, je verrai si ma nouvelle position influe sur les sentiments de M. de Vaucelle, elle me fera connaître son cœur.

SCÈNE V.

CÉCILE, CHARLES.

CHARLES *entr'ouvre la porte du fond.* Mademoiselle Cécile...

CÉCILE. Ciel ! le voici lui-même !

CHARLES. Il faut absolument que je vous parle. J'ai appris que vous dépendiez d'un père qui se trouve dans une classe in-férieure à celle où le sort m'a placé ; mais l'honneur me rendra fidèle à mes serments, et je viens ici lui demander votre main.

CÉCILE. Mais, monsieur Charles, vous ne le connaissez pas, cet homme. Son ton, ses manières...

CHARLES. Que m'importe ! s'il m'accorde votre main.

CÉCILE. Mais votre famille ! votre oncle, le duc d'Herbigny, si fier de son rang, de sa naissance...

CHARLES. Mon oncle, je le respecte beaucoup ; mais je ne puis en faire l'arbitre de mes sentiments.

CÉCILE. Votre fortune dépend de lui.

CHARLES.

AIR : *De la Juive* (2e acte).
Qu'importe la richesse !
Le bonheur la délaisse,
  La délaisse.
Du cœur c'est la tendresse
Qui, seule est le vrai bien,
  Le vrai bien.
Du lien qui m'engage,
Que l'honneur soit le gage. (*bis.*)
Du talent, du courage,
On ne redoute rien.
  Non rien.

CÉCILE.
Une flamme amoureuse
Souvent est malheureuse,
  Malheureuse ;
Mais dans ma crainte affreuse,
Je retrouve un soutien,
  Un soutien.
Dans l'infortune même,
Vient un bonheur extrême. (*bis.*)
Auprès de ce qu'on aime,
On ne redoute rien,
  Non, rien,

CÉCILE.
Ah ! mon Dieu !.. j'entends mon père... Charles, retirez-vous, au nom du ciel !

CHARLES. Au contraire, l'occasion se présente, je dois en profiter.

CÉCILE. Qu'allez-vous faire ? je sors, ne me compromettez pas.

(Elle sort par la droite.)

SCÈNE VI.

TOUPINEL, CHARLES.

TOUPINEL. Ma fille était avec un jeune homme ! ma fille reçoit déjà des *jeune homme !* ah ! diable !..

CHARLES, *à part et surpris.* C'est là le père de Cécile !.. N'importe, j'espère qu'il ne me sera pas difficile de le décider en ma faveur. — Monsieur, j'ai à vous parler d'affaires très-importantes.

TOUPINEL. C'est que je suis pressé : j'ai du monde à dîner, je donne un raout !

CHARLES. Veuillez m'écouter.

TOUPINEL. Je vous écoute, mon cher, soyez le moins long possible, mon cher.

CHARLES. Monsieur, vous aimez sans doute votre fille ?

TOUPINEL. C'te question ! Le cœur d'un père est naturellement aimant.

CHARLES. Je l'aime aussi, moi, monsieur.

TOUPINEL. Eh! allons donc !.. vous avez flairé la succession.

CHARLES. Fi donc, monsieur, la fortune n'est pour rien dans les sentiments qu'elle m'inspire.

TOUPINEL. Oh! oh!.. pour rien!.. ça se dit toujours !.. mais dites-moi du moins qui vous êtes, mon cher ami ; car vous me parlez là, je vous écoute, j'ai la bonté de vous écouter, et je ne sais pas à qui j'ai affaire !.. êtes-vous clerc de notaire, êtes-vous artiste, êtes-vous coiffeur ?..

CHARLES. Je suis le vicomte de Vaucelle, auditeur au Conseil-d'Etat, neveu du duc d'Herbigny.

TOUPINEL, *avec respect.* Ah ! votre oncle est duc !.. Monsieur le vicomte... pardon... certainement si j'avais su... Donnez-vous donc la peine de vous asseoir.

(Ils s'asseyent.)

CHARLES. Vous aussi, monsieur.

TOUPINEL. C'est pour vous obéir.

CHARLES. J'ai été secrétaire d'ambassade à Naples, et j'ai eu le plaisir de connaître mademoiselle Cécile chez madame la comtesse de Ferville.

TOUPINEL. Avez-vous connu mon épouse ? c'était sa femme de chambre, Modeste Bazu, femme Toupinel, une jolie blonde ! de beaux yeux bleus... un, surtout.

CHARLES. Je ne l'ai point connue. — J'aimais Mlle Cécile avant de savoir qu'elle n'était pas la fille de la comtesse de Ferville ; tout le monde croyait à Naples, qu'élevée par elle, elle lui tenait par les liens du sang.

TOUPINEL. Tout le monde se trompait, je n'ai pas l'honneur d'être parent de madame la comtesse... vous pouvez m'en croire.

CHARLES. Je vous crois : je suis aimé de Mlle Cécile, elle a juré de n'être qu'à moi, et je viens vous supplier de consentir à notre union.

TOUPINEL. J'en suis désolé, mon cher vicomte de Gros-Sel, mais vous arrivez trop tard : j'ai promis ma fille à un autre.

CHARLES. Est-il possible ?

TOUPINEL. J'ai pris des engagements par écrit.

CHARLES. Mais, monsieur, ne peut-on les rompre ?

TOUPINEL. Comme vous y allez! c'est avec un homme comme il faut, un homme de finance, et qui m'a fait des avances considérables.

CHARLES. On peut les lui rembourser.

TOUPINEL. Ce ne sera pas moi ; mille écus !

CHARLES. Que cela ne vous inquiète pas, monsieur, je m'en chargerai : mais l'important, c'est que mon oncle, le duc d'Herbigny, est subrogé tuteur de Cécile, qu'il vous verra, il faudra bien qu'il vous voie.

TOUPINEL. Eh! bien, monsieur, quand il me verrait, je suis bon à voir.

CHARLES. S'il apprend qui vous êtes, sa fierté se révoltera.

TOUPINEL. Il est donc bien fier?

CHARLES. Je lui dirai que vous êtes artiste, peintre...

TOUPINEL. C'est la vérité !

CHARLES. Que vous avez beaucoup de talent.

TOUPINEL. Vous ne mentirez pas.

CHARLES. Mais que vous êtes un original...

TOUPINEL. Comment?

CHARLES. Que vous avez des singularités, comme beaucoup d'artistes.

TOUPINEL. Je me laisse dire des choses...

CHARLES. Mon oncle, absorbé dans la politique, connaît peu les arts et les artistes, nous le persuaderons facilement. Si vous pouviez seulement, devant lui, vous tenir convenablement... il faudrait que vous parlassiez peu.

TOUPINEL. Est-ce que je parlasse mal ?.. Mais, mon cher monsieur, vous m'insultez à tous propos.

CHARLES. Ce n'est pas mon intention.

TOUPINEL, *se levant.* Mais que diable !.. je suis père ou non : je suis chez moi, ou je n'y suis pas. Je ne sais pas comment je me laisse dire... ce que vous me dites.

CHARLES. Voyons, Monsieur, parlons raison : ne verriez-vous pas, avec plaisir, votre fille avoir un rang dans le monde? ne seriez-vous pas flatté de l'entendre appeler madame la vicomtesse? et si je succède un jour à mon oncle, de la voir duchesse, de la voir reçue à la cour !

TOUPINEL. Sapristi..... est-ce que j'irais aussi, moi, à la cour?.... Satané vicomte! Il a un bagou !.. Ecoutez, monsieur le vicomte de Sarcelle, vous m'emblêmez là depuis un quart-d'heure... Il faut que je réfléchisse, que je parle à ma fille, à mon homme d'affaires ; repassez tantôt et nous verrons... Je ne dis pas non... Une poignée de main... vous avez l'air d'un bon enfant. C'est dommage que je ne vous aie pas connu avant l'homme d'affaires. Je vous quitte un moment, j'ai des ordres à donner là-dedans... vous concevez, un maître de maison... je vais revenir... (*à part*) Il est gentil, le petit vicomte, quoiqu'il m'ait dit des choses assez désagréables... Je me suis trop pressé de donner ma parole à l'autre.

(Il sort.)

SCÈNE VII.

CHARLES, *seul.* Cet homme n'est pas difficile à manier, mais, maintenant, mon oncle !.. ah! il faut ici de l'adresse.

LE DUC *en dehors.* C'est bon, c'est bon, mon ami, j'attendrai.

CHARLES. Précisément, c'est lui que j'entends.

SCÈNE VIII.

CHARLES, LE DUC D'HERBIGNY.
Il a par dessus son habit une douillette de soie puce ; chapeau plat, canne à pomme d'or.

LE DUC. Ah ! te voilà, mon neveu ? Je ne m'étonne point de te rencontrer ici, d'après ce que tu m'as dit.

CHARLES. Mon cher oncle, j'ai été franc avec vous ; je ne vous ai point dissimulé mes sentiments, mes espérances, et je vous le répète, j'aime Cécile.

LE DUC. Sans doute. Tu es amoureux, c'est de ton âge. Qui est-ce qui n'est pas amoureux à vingt-cinq ans ? Je l'ai été aussi, je l'ai même été à trente, et c'est pour cela que je ne me suis pas marié, que je suis resté célibataire, et que tu seras mon héritier. (riant). Tu n'est pas fâché, n'est-ce pas, que je sois demeuré garçon ?

CHARLES. Pourvu que vous me permettiez de ne pas faire de même.

LE DUC. Tout le monde n'est pas sage, et tu veux être comme tout le monde.

CHARLES, gaiement. C'est que tout le monde n'a pas le droit d'être original comme vous.

LE DUC. Comment, comment, original ?..

CHARLES. Cela vaut mieux que d'être commun.

LE DUC, gaîment. Tu as une drôle de manière de flatter. Allons, je prends la chose du bon côté. Je ne viens point ici apporter une morgue aristocratique : je suis pour la fusion. Je reconnais la noblesse du talent et celle du mérite. Qu'importe que ta femme ne soit pas noble, si elle est jolie et sage. Une roturière vertueuse peut faire une excellente duchesse. D'ailleurs, tu m'as dit que le père était artiste. Eh ! bien, s'il a un peu de talent, nous lui en supposerons beaucoup ; nous le protégerons, nous le lancerons dans le faubourg Saint-Germain. Qu'il fasse seulement le portrait de trois duchesses et de leur petit chien, je le proclamerai un Raphaël, et je le recommanderai pour lui faire obtenir l'entreprise du premier monument public, dont il faudra barbouiller les plafonds.

AIR : *Et voilà comme tout s'arrange*

Tout en France est protection.
On ne parvient que par surprise ;
On a la réputation
Et le talent par entreprise.
Tel peintre, tel faiseur d'écrits.
Que dans les journaux on renomme,
Fait travailler ses apprentis,
Et par-dessus met son vernis ;
Voilà comme on est un grand homme.

CHARLES. Mon oncle, vous êtes charmant !

LE DUC. C'est ce qu'on me disait avant la restauration, lorsque je me suis rallié ; du temps de Bonaparte. J'ai porté dans les salons de l'empire un certain parfum de régence, qui embaumait un peu les Tuileries. Toutes ces belles parvenues n'étaient pas fâchées de voir un reste des Grammont et des Richelieu. Mais, depuis ce temps-là « *la Parque à la sourdine a diablement filé*. »

CHARLES. Vous êtes toujours jeune d'esprit...

LE DUC. L'esprit ne vieillit jamais ; nous devrions faire comme lui.

CHARLES. Je le désire : je ne suis pas de ces neveux qui attendent impatiemment la succession de leur oncle.

LE DUC. Tu es un aimable garçon. Marie-toi donc ; je veux marier tes enfants, et voir mes arrières-petits-neveux.

CHARLES (à part). Mon Dieu, si je pouvais éviter la rencontre... (Haut). Ne vous étonnez pas si le beau-père futur n'a pas le ton de la cour. Ces artistes vivent dans une sphère toute spéciale.

LE DUC. Oui, oui, je sais cela ; j'ai peu vu d'artistes ; mais j'ai entendu dire que MM. les peintres étaient des drôles de corps, on m'a conté mille folies des Lantara, des...

CHARLES. D'ailleurs, ce n'est pas le père qu'on épouse.

(Toupinel paraît.)
(A part). Ah ! mon Dieu ! le voilà !

LE DUC. Ah ! ah ! qu'est-ce que c'est que ce monsieur-là ? il a une singulière tournure.

CHARLES (embarrassé). Mon oncle, c'est lui-même... Je vous ai prévenu qu'il était singulier. (A part). Si je pouvais le renvoyer.

SCÈNE IX.

TOUPINEL, CHARLES, LE DUC.

TOUPINEL. Vous voilà, mon petit vicomte, je suis bien aise de vous rencontrer.

CHARLES. Monsieur, voici mon oncle, M. le duc d'Herbigny. (Bas). Souvenez-vous de ce que vous m'avez promis.

TOUPINEL, à part. Tiens ! c'est un duc, avec une redingote chocolat, et une perruque blonde ? Je m'en faisais une autre idée.

CHARLES, bas. Prenez garde. (Haut). Mon oncle, je vous présente un artiste distingué, peintre de genre.

TOUPINEL. Et je peux dire bon genre..... M. je vous salue.

CHARLES, bas à Toupinel. Tenez-vous bien.

TOUPINEL, se redressant. Est-ce que je me tiens mal... Je venais pour vous dire...

LE DUC, passant au milieu. Monsieur, enchanté de vous connaître. J'aime les arts et les artistes, quoique peu connaisseur. Monsieur a sans doute brillé au salon ?

TOUPINEL. Monsieur, salon, salle à manger, chambre à coucher ; je brille également dans ces divers appartements.

LE DUC. Ah ! vous peignez des intérieurs...

TOUPINEL. Et des extérieurs aussi, je viens de finir une maison toute entière.

LE DUC. Bon, du paysage, des fabriques... Je connais un peu les termes.

TOUPINEL. Moi aussi : les termes viennent souvent, tous les trois mois ; c'est embêtant, n'est-ce pas ?

LE DUC, *à Charles.* Il a des expressions un peu vulgaires.

CHARLES. Oh ! les artistes, c'est le laisser-aller de l'atelier.

LE DUC, *à Toupinel.* Monsieur, nous avons des peintres que leur talent a fait parvenir : vous pourriez comme eux devenir baron.

TOUPINEL. Il y a gros...

LE DUC. Vous dites?...

CHARLES. Il dit qu'il y a eu Gros, il y a eu aussi Gérard.

LE DUC. J'entends. Je veux que vous ayez une décoration, il faut que le beau-père de mon neveu soit décoré.

TOUPINEL. Monsieur, je connais le décor.

LE DUC, *riant.* Ah ! ah ! vous faites des calembourgs...

CHARLES. Comme ces peintres dont nous parlions, vous savez, mon oncle.

LE DUC. Oui, oui, vous faites sans doute le portrait ? on me demande le mien.

TOUPINEL. Le portrait n'est pas mon fort·

CHARLES. La tête de mon oncle n'est pas difficile.

TOUPINEL. Non, il a une bonne tête... une bonne balle...

LE DUC. Quest-ce qu'il dit donc ?

CHARLES. Qu'il faut avoir une bonne tête pour être homme d'État. *(Passant au milieu et poussant Toupinel).* Prenez donc garde¹...

TOUPINEL. Prenez donc garde vous-même.

CHARLES, *à part.* Il va tout perdre (*).

(Il passe à gauche.)

LE DUC, *se rapprochant de Toupinel·* Monsieur, vous viendrez me voir ; je reçois tous les lundis. On cause, on joue, on parle politique, littérature, on danse, même, et on fait la partie de billard.

TOUPINEL. Oh ! le billard, j'y suis malin ; le carambolage surtout, j'ai gagné hier trois poules à l'estaminet de la Grosse-Pipe.

CHARLES, *le poussant.* Taisez-vous donc.

LE DUC. Vous fréquentez les estaminets ?

TOUPINEL. L'estaminet n'est point prohibé.

CHARLES, *le poussant.* Vous y serez entré par hasard.

TOUPINEL. Est-ce par hasard aussi que vous m'enfoncez les côtes ! laissez-moi donc tranquille. Je venais vous dire qu'il ne faut plus songer à ma fille. Je ne peux pas me dégager de l'homme d'affaires, il m'a fait de nouvelles avances.

CHARLES. Que dites-vous donc, malheureux !

TOUPINEL. Pas si malheureux!... encore trois mille francs.

LE DUC, *à Charles.* Que disais-tu donc, toi? A t'entendre, ce monsieur consentait à tout.

TOUPINEL. Je ne consentait à rien ; j'ai un gendre qui me convient, et vous pouvez allez vous promener.

(*) Charles, Toupinel, le Duc.

LE DUC. Insolent !

TOUPINEL. Ah ! dites donc, l'ancien, pas de mots , je suis chez moi !

LE DUC, *à Charles.* Mais mon ami, cet homme-là est impossible.

TOUPINEL. Comment! je suis impossible ! Vous êtes charmant, vous.

CHARLES, *entre eux deux.* Vous gâtez tout.

TOUPINEL. Je m'en moque pas mal ; cette vieille tête-là qui m'appelle insolent ; j'ai soupé pour lui.

LE DUC. Barbouilleur !

AIR : *De Wallace.*
ENSEMBLE.

LE DUC.
Je suis d'une colère !
A-t-il, en me parlant,
Ce petit prolétaire,
Le droit d'être insolent !

CHARLES.
Calmez votre colère,
Et soyez indulgent :
Laissez ce prolétaire,
Qui n'est qu'un insolent.

TOUPINEL.
Je ris de vot' colère,
Je suis, en vous parlant.
Un petit prolétaire,
Mais grand par mon talent.

(Toupinel sort.)

SCÈNE X.
LE DUC, CHARLES.

LE DUC, *se jetant sur un fauteuil.* J'étouffe de colère ! J'en aurai une attaque d'apoplexie.

CHARLES. Mon oncle !

LE DUC. Taisez-vous.

CHARLES. Si j'osais...

LE DUC. Laissez-moi tranquille.

CHARLES. Si vous saviez...

LE DUC. Je ne veux rien savoir.

CHARLES. Mais si vous voyiez sa fille...

LE DUC. Je ne veux pas la voir.

CHARLES. Elle n'est pas coupable des torts de son père.

LE DUC. Mauvais sang ne peut mentir.

CHARLES. Je vous jure...

LE DUC. Mais tu y tiens donc bien, à cette fille ?

CHARLES, *câlinant le duc.* Vous ne voudriez pas faire son malheur et le mien. Mon cher oncle, vous m'aimez comme votre fils, je vous aime comme un père ! Soyez indulgent pour moi, bon pour elle. Nous entourerons votre vieillesse de soins, d'amour ; Je vous connais, vous êtes philosophe, vous foulez aux pieds les préjugés ; vous marchez avec votre siècle, et votre esprit élevé vous met au-dessus des faiblesses et des ridicules qui ont trop longtemps gouverné le monde.

LE DUC, *souriant.* Tu me prends par mon faible. *(Il se lève.)* Ecoute : le mérite est personnel ; je verrai l'objet de ta passion, et si je trouve que cette jeune personne est digne de toi, malgré l'impertinence de son père, je ne m'opposerai point à ce que tu l'épouses, surtout si elle hérite de la fortune de la comtesse.

CHARLES. Vous êtes adorable !

LE DUC. Mais si plus tard tu t'en repens...

CHARLES. Je ne m'en repentirai jamais.

LE DUC. Ne viens pas t'en prendre à moi.

CHARLES. Je serais un ingrat. Je vais chercher Cécile, vous la présenter.

LE DUC. Je veux la voir seule, je ne veux m'en rapporter qu'à moi-même ; je la jugerai avec cette finesse diplomatique qui me caractérise, et après son interrogatoire, je prononcerai mon jugement sans appel.

CHARLES. Je m'y soumettrai. Je vais vous l'envoyer, mais soyez juste !... Attendez-la, mon oncle !

(Il sort).

SCÈNE XI.

LE DUC *seul*. Il a une mauvaise tête, si je le brusque, il est capable de prendre un parti violent. Leurs maudites théories font des progrès effrayants !... Ecrivons donc un mot à ce notaire, et hâtons l'ouverture du testament.

(Il se met à une table et écrit).

SCÈNE XII.

LE DUC, FRANCINE *entr'ouvrant la porte du fond.*

FRANCINE. Voilà ce monsieur que m'a indiqué l'homme d'affaires.

(Elle s'avance doucement et dit à part.)

Ah ! ce petit Martial a des oncles grands seigneurs, c'est çà que je lui trouvais un air si distingué.

LE DUC. Envoyons cette lettre au notaire.

(Francine tousse pour se faire remarquer.)

LE DUC *regardant*. Qu'est-ce que c'est que çà ?

(Francine fait plusieurs révérences.)

LE DUC. Voilà bien des révérences.

FRANCINE *à part*. C'est drôle, je me croyais z'hardie, et ces gens de grand genre, ça vous fait toujours un effet.

(Elle fait encore une révérence).

LE DUC *se levant*. Encore !.. Voyons, mademoiselle, est-ce à moi que vous en voulez ?

FRANCINE. Je ne vous en veux pas : C'est bien vous qui êtes M. le duc, oncle du jeune homme ?

LE DUC. Ah ! ah ! est-ce que vous seriez la jeune personne ?...

FRANCINE. Oui, monsieur, c'est moi qui l'est.

LE DUC. Parbleu, je suis enchanté de vous rencontrer.

FRANCINE. Et moi pareillement.

LE DUC *à part*. Elle n'a pas l'air aussi distingué qu'on me l'avait annoncé.

FRANCINE *à part*. Il me trouve bien.

LE DUC. Vous connaissez donc mon neveu, mademoiselle ?

FRANCINE, *soupirant*. Oui, monsieur, pour mon malheur.

LE DUC. Ce jeune étourdi vous a parlé d'amour ?

FRANCINE, *baissant les yeux*. Monsieur...

LE DUC. Ne le niez pas, il m'a tout avoué.

FRANCINE. J'ai z'eu le tort de l'écouter.

LE DUC, *surpris*. J'ai z'eu !.. voilà une liaison !

FRANCINE. Je sais, monsieur, que les liaisons font le malheur des jeunes personnes ; mais il était si aimable... et puis il m'a promis le mariage.

LE DUC. Oui, ils promettent tous la même chose.

FRANCINE. Monsieur, il ne tient qu'à vous qu'il tienne.

LE DUC. Il m'a dit de vous des choses fort avantageuses ; mais je vous avouerai qu'il y a un obstacle.

FRANCINE. Pas de mon côté, toujours.

LE DUC. Peut-être pas personnellement, mais votre père....

FRANCINE. Ah ! parce que mon père est un ouvrier, mais si vous le connaissiez....

LE DUC *avec humeur*. Je le connais, je l'ai vu.

FRANCINE. Il manque un peu d'éducation.

LE DUC. Un peu ? vous êtes bien modeste.

FRANCINE. Oui, monsieur, pour ma modestie ou me cite dans les sociétés, à la Chaumière et dans tous les bals ; ceux qui diraient le contraire sont des mauvaises langues.

LE DUC. Quel langage !... Il n'est pas possible que mon neveu, que Charles....

FRANCINE. Si, monsieur, c'est possible, je sais bien que ça vous vexe, parce que vous êtes un grand seigneur, mais que voulez-vous ?

AIR : Il est vrai que Thibaut mérite.

Je n' savais pas qui s' nommait Charles,
Je l' croyais un simple ouvrier,
V'là qu' d'amour un jour il m' parle,
Et j'eus l' malheur de m'y fier.
D'un tas de parol' il m'emblême !..
Naïvement j' lui donne mon cœur,
Ah ! qu'on est bête quand on aime !
On est bien bête quand on aime...
Avez-vous aimé, monseigneur ?

LE DUC. Mais Mademoiselle...

FRANCINE, *vivement*. Oh ! il n'y a pas de mais...

LE DUC. Cependant si...

FRANCINE. Oh ! il n'y a pas de si...

LE DUC. Voilà qui est fort !...

FRANCINE *s'emportant*. Ça se peut ; ça vous semble fort de café ! Mais il n'y aurait donc qu'à dire voilà une jeune fille du peuple... Je suis un jeune homme, il faut, j'ai le droit de m'introduire près d'elle, de me faire adorer, et après, de la planter là comme un paquet !... non, Monsieur, je ferai de l'escandale, j'irai partout où il sera, je le poursuivrai et vous aussi, je vous ferai des avanies ! Et si c'est vous, comme on me l'a dit, qui l'empêchez de m'épouser, je prendrai des témoins comme quoi il m'a perdu de réputation, et je vous ferai un procès en correctionnelle.

LE DUC, *en colère*. En correctionnelle ! mais c'est encore pis que le père.

FRANCINE. Est-ce lui qui vous tient au cœur ? ce n'est pas ma faute ; ce n'est pas moi qui ai fait mon père.

LE DUC. Où mon neveu s'est-il fourré ?

FRANCINE. *avec sentiment*. Si on pouvait se le choisir, son père, je m'en serais donné un argent de change, ou épicier en gros : mais je respecte le mien tel que la nature me l'a procuré. *(Elle tire son mouchoir et pleure)*. Je l'estime, ce vénérable artisan !... Il verra mes larmes couler sur son sein maternel, il sera attendri, et si vous ne l'êtes pas de voir une jeune fille au désespoir, vous êtes un chacal, un rhinocéros !... adieu monsieur. *(Elle cesse de pleurer et prend un ton résolu)*. Et souvenez-vous de ce que je vous dis ; vous ne le porterez pas en paradis. *(A part)*. Je crois que j'ai bien arrangé les affaires.

(Elle sort.)

SCÈNE XIII.

LE DUC *seul*. Je tombe de surprise en surprise. Et je souffrirais une pareille alliance ! Non, parbleu ! mon neveu aura beau invoquer ma délicatesse... Pourquoi a-t-il fait une pareille sottise !

SCÈNE XIV.

LE DUC, CHARLES.

CHARLES. Ah ! vous voilà, mon oncle, Eh ! bien, avez-vous vu Cécile ?

LE DUC. Je l'ai vue.

CHARLES. Et d'abord vous l'avez trouvée jolie ?

LE DUC. Non.

CHARLES. Est-il possible ! Au reste, chacun à son goût : moi je la trouve telle.

LE DUC. Je le veux bien.

CHARLES. Quant à ses manières, son langage...

LE DUC. Détestables !

CHARLES. Ah ! vous êtes prévenu...

LE DUC. Et toi aveugle, à ce qu'il paraît.

CHARLES. Je conviens que l'amour embellit les objets, ouvre les yeux sur les qualités et les ferme sur les défauts : Cécile n'est pas parfaite.

LE DUC. Il s'en faut.

CHARLES. Mais si vous connaissiez son cœur !

LE DUC. Je n'ai pas envie de faire sa connaissance. Romps avec cette fille, ou je te déshérite.

CHARLES. Vous le prenez ainsi, mon oncle ?

LE DUC. Oui, mon neveu.

CHARLES. J'ai mauvaise tête.

LE DUC. Je le sais.

CHARLES. J'aime Cécile et je l'épouserai.

LE DUC. Tu ne l'épouseras pas, ou je te le répète, je te déshériterai.

SCÈNE XV.

CHARLES, LE DUC, CÉCILE.

CÉCILE, *qui a entendu les derniers mots*. Non, monsieur, je ne veux pas être cause de son malheur ; qu'il renonce à moi, je l'y autorise.

LE DUC *surpris*. Quelle est cette jeune personne ?

CHARLES. Celle que j'aime.

LE DUC. Comment ! et l'autre ?

CHARLES. De quelle autre voulez-vous parler ?

LE DUC. Eh ! parbleu de l'héritière, de la fille adoptive de madame de Ferville.

CÉCILE. Mais, c'est moi, monsieur.

LE DUC *la regardant*. Vous ?.. Et quelle est donc celle que j'ai vue ? qui est venue me débiter cent impertinences, et qui m'a menacé d'un procès en correctionnelle ?... Moi, moi, un duc à la 7e chambre, avec une grisette !...

CHARLES. Je ne vous comprends pas, je n'aime et n'ai jamais aimé que Cécile, c'est à elle que j'ai donné ma foi, c'est pour elle que je vous désobéissais.

CÉCILE. Et moi, monsieur, je n'y consentirai pas ; Charles m'avait offert de le suivre, il avait pensé que j'y consentirais...

AIR : De Teniers.

Il a dû croire à ma tendresse,
Comme je crus à son amour ;
Mais ici ma délicatesse,
Doit me défendre tout détour.
Oui, vous tromper serait un crime,
Ce serait manquer à l'honneur ;
Je veux, monsieur, mériter votre estime,
Même aux dépens de mon bonheur.

LE DUC. Voilà qui change la face des choses ; cette demoiselle est charmante, bien élevée... Mademoiselle, votre présence justifie l'amour de mon neveu, mais je vous avouerai que votre père... A moins que je n'aie vu aussi un autre père...

CÉCILE. Monsieur, j'ose espérer que s'il est le seul obstacle à notre bonheur, bientôt peut-être il ne s'y opposera plus ; mais protégez-moi contre la violence qu'il voudrait faire à mon cœur.

LE DUC. Mon enfant, je vous prends sous ma protection, et je ne veux pas qu'on fasse rien qui puisse vous rendre malheureuse.

CÉCILE. Ah ! monsieur, ma reconnaissance durera toute ma vie.

SCÈNE XVI.

LES MÊMES, TOUPINEL.

TOUPINEL. Ah ! vous voilà encore, monsieur le duc, on vient de m'annoncer que le notaire arrive, il apporte ce fameux testament, et nous allons savoir de quoi il retourne.

LE DUC. Vous voilà, monsieur le barbouilleur, c'est donc vous qui voulez contrarier les inclinations de cette jeune personne, et faire violence à ses sentiments ?

TOUPINEL. De quoi, de quoi, violence ! je veux faire ce qui me convient, et personne ne doit mettre le nez dans mes affaires de famille, je suis tuteur légal.

LE DUC. Et moi subrogé-tuteur, pour contrôler votre gestion.

TOUPINEL. Ça se verra plus tard.

SCÈNE XVII.

LES MÊMES, MARTIAL, DUFLOT *en habit de garde national à cheval.* DEUX DOMESTIQUES.

MARTIAL. Voilà monsieur le notaire. *(à Toupinel).* Je ne suis pas de trop, n'est-ce pas ?

TOUPINEL. Au contraire, plus on est de fous, plus on rit.

DUFLOT. Pardon, messieurs, je vous ai fait attendre, peut-être, mais le service !.. J'étais de faction aux Tuileries, à cheval sous l'Arc de Triomphe.

TOUPINEL. C'est ça, un notaire ? il vient lire un testament le sabre au côté !

DUFLOT *gaîment.* Pourquoi pas, monsieur, celui qui est le gardien des droits de ses concitoyens, peut dans l'occasion savoir les défendre.

TOUPINEL. Oh ! la, la, le garde national à cheval, il monte sur ses grands chevaux.

LE DUC. Fort bien, monsieur, j'aime les hommes de cœur.

TOUPINEL. Et de plume.

DUFLOT. Voulez-vous que nous procédions à cette lecture ?

TOUPINEL. Procédons, et chaudement ; nous allons rire.

MARTIAL. Mais non, ça n'est pas gai, un testament.

TOUPINEL. Veux-tu te taire, môme ; c'est gai quand on hérite.

DUFLOT. Paix donc !

TOUPINEL. Oui, mon officier ; je me tais, je suis garde national aussi, je connais l'insubordination... à pied...

(Les domestiques placent la table et les siéges. On s'assied.)

MARTIAL, CÉCILE, TOUPINEL, LE NOTAIRE *à une table,* LE DUC *près de la table.* CHARLES.

CÉCILE. Est-il nécessaire que je sois présente ?

DUFLOT. Oui, Mademoiselle.

CÉCILE, *essuyant ses yeux.* J'aimais ma bienfaitrice comme une mère.

TOUPINEL. Comme tu aimeras ton père !

DUFLOT. Écoutez, messieurs, les volontés de madame la comtesse de Ferville. Je passe le protocole.

TOUPINEL. Le pot à colle, ne le passez pas, ça doit me regarder.

DUFLOT. Gardez donc vos réflexions. *(Lisant).* « Je donne et lègue tous mes biens,

» meubles et immeubles à Cécile, ma fille » adoptive. »

TOUPINEL. C'est très-bien ; ça me tire une larme. *(A Cécile).* Prête-moi ton mouchoir.

DUFLOT, *lisant:* « Je dois motiver ces dis- » positions en déclarant que Cécile n'est pas » la fille de Toupinel, le mari de ma femme » de chambre... »

TOUPINEL, *surpris.* Cécile n'est pas ma fille ?

TOUS. Se peut-il ?

TOUPINEL, *se levant.* Ah ! mon Dieu ! j'en apprends de belles. Comment, madame Toupinel qui a joui de toute mon estime, de toute ma considération, est une femme qui a trompé son mari !... et j'apprends cela quinze ans après son décès ! quand l'époux outragé ne peut plus se venger d'une épouse infidèle !

LE DUC. Avez-vous bientôt fini ?

TOUPINEL. Il est encore bon là, lui, la momie !... Si votre femme vous avait fait... des choses.... Ah ! scélérate de Modeste !..... ton nom était donc une erreur ? Tu n'auras pas ta pyramide !

(Il se rassied.)

DUFLOT. Écoutez donc. *(Lisant).* « Modeste « n'est pas non plus sa mère ! »

TOUPINEL, *surpris.* Ah ! ma fille, ne serait pas la fille de sa mère ! Ça se complique !... Celle que j'ai pris l'habitude d'aimer depuis dix-huit ans ! car je l'aimais !...

MARTIAL. Oui, sans la voir.

TOUPINEL. On ne peut la voir sans l'aimer... mais on ne peut l'aimer...

MARTIAL. Sans la voir.

LE DUC. C'est donc un roman tout entier.

TOUPINEL. Oui, ça me paraît fort *romanexe.*

DUFLOT, *lisant:* « La lettre ci-jointe contient » le secret de la naissance de Cécile. Je dé- » sire qu'elle lui soit remise à elle-même, et » qu'elle seule soit la maîtresse de faire con- » naître les noms de sa mère et de son père. » Mademoiselle, voici cette lettre cachetée, aux armes de madame de Ferville.

(Cécile prend la lettre, et lit à part.)

TOUPINEL, *au notaire.* Y a-t-il aussi une lettre pour moi... Non ?... Comment, rien ? Je n'ai plus de fille, plus de tutelle, plus d'héritage...

CÉCILE, *qui a lu.* Messieurs, cette lettre m'apprend un secret que je ne puis divulguer, sans avoir pris conseil d'une personne sage et prudente.

TOUPINEL. Me voilà !

MARTIAL. Taisez-vous donc, père Toupinel, vous êtes enfoncé.

CÉCILE. Si monsieur le duc veut lire cette lettre..

LE DUC *prenant la lettre.* Je me doute de ce qu'elle renferme. Madame de Ferville y fait l'aveu d'une faute inconnue à son mari.

(parcourant la lettre). Que vois-je, vous êtes la fille du général de Ferville !

CÉCILE. Et ma mère est morte en me donnant le jour.

LE DUC *lisant.* « Monsieur de Ferville avait
« reconnu son enfant. Tant qu'il a vécu, j'ai
« respecté son secret... Je suis heureuse de
« léguer tous mes biens à Cécile, et de répa-
« rer les torts d'un homme que j'ai toujours
« aimé et estimé. » Charles, je vous présente
à mademoiselle Cécile, fille du général comte
de Ferville.

CHARLES. Quoi, mon oncle !

LE DUC. Et je consens à votre mariage avec
elle.

CHARLES. Ah ! Cécile, quel bonheur !

TOUPINEL. Ah ça, comment arrangez-vous
ça... Je ne suis pas son père... c'est un
comte... Est-ce un conte ou une histoire ?

LE DUC. Cela ne vous regarde pas.

TOUPINEL. Alors, je n'ai plus que faire
ici.

LE DUC. M. Duflot, vous allez faire le con-
trat de mariage de mademoiselle de Ferville
avec mon neveu Charles, vicomte de Vaucelle.

SCÈNE XVIII.

LES MÊMES, FRANCINE.

FRANCINE *qui a entendu les derniers mots.*
Qu'est ce que vous dites ? Eh ! ben, et moi
donc ?

LE DUC. Eh ! parblen, voilà celle que j'ai
vue tout-à-l'heure.

FRANCINE *à Martial.* Infidèle, perfide,
scélérat, tu m'abandonnes !

MARTIAL. Moi ? Francine, je n'ai jamais
cessé de vous adorer.

FRANCINE. Mais vous épousez mademoiselle
Cécile.

LE DUC. Lui !

FRANCINE. Vous venez de le dire.

LE DUC *montrant Charles,* Voilà mon neveu !

FRANCINE. Bah !

MARTIAL. Où diable avez-vous été prendre
cette idée-là ?

FRANCINE. C'était l'homme d'affaires qui
m'avait dit...

TOUPINEL a mis sur sa tête le chapeau du duc, et pris
sa canne à pomme d'or, en entendant parler de l'homme d'affaires, il revient vivement, on les lui reprend.

M. Très-court... ah ! mon Dieu ! Il est capable de me faire mettre rue de Clichy.

CÉCILE. Soyez tranquille, monsieur, il suffit que l'on m'ait cru votre fille un seul jour,
pour que vous ne manquiez jamais de rien.
Monsieur le duc, je m'en rapporte à vous.

LE DUC. Bien, bien, quinze cent livres de
rentes viagères...

CÉCILE. Mettez le double !

TOUPINEL. Le double ! ah ! la bonne fille
que j'aurais eu là ! Encore quatre comme
elle, ça me ferait quinze mille livres de rentes !

CHŒUR FINAL.

Final de l'enfant de chœur.

Rendez vous à sa prière,
Et s'il obtient vos faveurs,
Le peintre souvent j'espère.
Vous fera voir ses couleurs.

FIN.